Inhalt

Sourcing Projekte - Erfolg durch Steuerung und Management

Kernthesen

Beitrag

Fallbeispiele

Weiterführende Literatur

Impressum

GENIOS WirtschaftsWissen Nr. 06/2008 vom 05.06.2008

Sourcing Projekte - Erfolg durch Steuerung und Management

I.Zeilhofer-Ficker

Kernthesen

- Das Outsourcing von Dienstleistungen ist in den letzten Jahren herangereift obwohl die Zahl der Mega-Deals abnimmt, verzeichnet der gesamte Outsourcing-Markt weiter signifikante Zuwächse.
- Mit Multisourcing-Konzepten ist die nächste Komplexitätsstufe erreicht, die ein fachkundiges Sourcing-Management unverzichtbar macht.
- Obwohl dem Global Sourcing auch in deutschen Unternehmen ein hoher Stellenwert beigemessen wird, kaufen nur

wenige Unternehmen im außereuropäischen Ausland ein.

Beitrag

Die Notwendigkeit Kosten zu sparen, veranlasste vor rund zehn Jahren eine große Anzahl von Unternehmen, sich in die verschiedensten Outsourcing-Projekte zu stürzen. Als viele davon nicht die gewünschten Einsparungen brachten, war die Enttäuschung groß. Mittlerweile hat man erkannt, dass erfolgreiche Sourcing-Modelle gewissen Spielregeln unterworfen sind.

Outsourcing ist eine komplexe Aufgabe

Als Anfang der 90er Jahre das Verlagern von Unternehmensaufgaben an externe Dienstleister, sprich das Outsourcing, modern wurde, stürzten sich viele Unternehmen Hals über Kopf in Auslagerungs-Projekte, angelockt von Versprechungen, dadurch bis zu 60 Prozent Kosten einsparen zu können. Doch Dreiviertel aller Outsourcing-Verträge wurden vorzeitig gekündigt, da die Erwartungen nicht erfüllt wurden. Und auch heute noch scheitert eine Vielzahl von Projekten. Was vielen nicht klar ist vor den Einsparungen sind erst einmal Investitionen notwendig.

Das Auslagern von Geschäftsprozessen ist eine komplexe Aufgabe. Der erste Schritt sollte eine genaue Analyse des Bereiches sein, der ausgelagert werden soll. Dabei ist unbedingt zu definieren, welche Aufgaben zu den Kernkompetenzen des Unternehmens gehören und welche Prozesse kritisch für den Unternehmenserfolg sind. Ob eine Auslagerung der Kernaufgaben sinnvoll ist, muss gut überlegt sein. Auf jeden Fall müssen detaillierte Ziele im Hinblick auf erwartete Einsparungen aber auch das notwendige Qualitätsniveau gesetzt werden. Wer noch keine Outsourcing-Projekte abgewickelt hat, sollte erst einmal mit kleineren, überschaubaren Bereichen beginnen, um entsprechende Erfahrungen zu gewinnen. (1), (2), (3), (4)

Der nächste Schritt ist die Suche von passenden Anbietern, von denen Leistungsanfragen und anschließend Angebote eingeholt werden. In der folgenden Verhandlungsphase sollte darauf geachtet werden, dass der Provider mit seiner Arbeitsweise und Firmenkultur zum Unternehmen passt. Denn in der Regel bindet man sich durch einen Outsourcing-Vertrag einige Jahre an den Geschäftspartner. (1)

Die Vertragsgestaltung sollte zwar eine gewisse Flexibilität beinhalten, da künftige Geschäfts- und Technologieentwicklungen kaum exakt vorhergesehen werden können, andererseits aber genau festlegen, welche Service- und Qualitätskriterien erwartet werden. Detaillierte Service-Level-Agreements können helfen, Erwartungen mit tatsächlich lieferbaren Diensten in Einklang zu bringen. Wichtig ist auch die Aufnahme einer Exit-Klausel, sollte sich herausstellen, dass die Zusammenarbeit überhaupt nicht funktioniert. (2), (4), (6)

Multisourcing liegt im Trend

Wurden in der Vergangenheit oft ganze Betriebsbereiche und deren Funktionen an einen einzigen Anbieter ausgelagert, so ist nun ein Trend zum Multisourcing feststellbar. Entschieden sich im Jahr 2000 erst 19 Prozent der auslagernden Unternehmen für drei oder mehr Provider, so verteilten 2006 bereits 36 Prozent der Auftraggeber die einzelnen Aufgaben an unterschiedliche Anbieter. Obwohl der Markt weiter wächst (für 2008 sind 8,1 Prozent prognostiziert), werden weniger spektakuläre Mega-Deals bekannt gegeben, was ebenfalls darauf hin deutet, dass das Vergabevolumen immer häufiger auf mehrere Geschäftspartner verteilt wird. (5), (6), (7), (11)

Durch das Mulitsourcing nutzt man gezielt die Kernkompetenzen und das Fachwissen der entsprechenden Anbieter, ohne dass man sich von einem einzigen Lieferanten abhängig machen muss. Das Risiko bei einem eventuellen Lieferantenausfall kann überschaubarer gehalten werden. (8)

Global Sourcing nicht immer von Vorteil

Nach wie vor kauft eine große Mehrheit der mittelständischen deutschen Unternehmer vorwiegend im Inland, höchstens noch im benachbarten europäischen Ausland ein. Trotzdem messen fast drei Viertel der Unternehmen der internationalen Beschaffung einen hohen Stellenwert bei. Zwar versprechen manche Produktgruppen durch den Offshore-Einkauf Einsparungen von bis zu 50 Prozent gegenüber dem Einkaufspreis in Deutschland, Zusatzkosten für Transport, Qualitätssicherung und Kommunikation werden allerdings häufig unterschätzt. Realistisch sind beim Offshore-Einkauf Sparpotenziale von ca. fünf bis zehn Prozent. (9)

Wie das aktuelle Beispiel China zeigt, birgt der Einkauf in Offshore-Ländern allerdings Risiken, die schwer kalkulierbar sind. Wird, wie zurzeit in China, von politischen Kräften die Geschäftstätigkeit erschwert, sind die Kostenvorteile oft schnell dahin. Glücklich ist, wer in solchen Situationen einen Zweitlieferanten im stabilen Wirtschaftsraum qualifiziert hat.(10)

Trotz der unübersehbaren Risiken kann das globale Sourcing nach wie vor große Kostenvorteile bringen. Voraussetzung ist allerdings die lückenlose Kontrolle, durchdachte Steuerungs- und Managementprozesse sowie eine Preiskalkulation, die alle durch das Offshoring entstehenden Kosten mit einbezieht. (12)

Sourcing braucht Fachkräfte

Egal welches Sourcing-Modell gewählt wird, die schwierigste Aufgabe beginnt meist nach dem Start des Projektes. Dienstleister wie Zulieferer müssen gesteuert und überwacht werden. Diese Aufgabe erfordert ein hohes Maß an Kompetenz sowohl in technischer Hinsicht als auch auf der Geschäftsseite. Entsprechende Fachkräfte sind allerdings weltweit Mangelware, sodass sich mehr und mehr

Unternehmen dazu entschließen, Consulting-Firmen hinzuzuziehen. Einige Firmen geben sogar schon die gesamte Steuerung ihrer Outsourcing-Projekte an externe Berater, wo entsprechendes Expertenwissen durch Spezialisierung vorhanden ist. (4), (6), (12)

Doch auch dann ist ein unternehmenseigenes Managementteam notwendig, um die Kommunikation am fließen zu halten und sicher zu stellen, dass markt- oder technikbedingte Änderungen von den Dienstleistern ohne negative Auswirkungen auf das Tagesgeschäft umgesetzt werden. Das Gelingen von Sourcing-Projekten ist fast immer von einem funktionierenden Sourcing-Management abhängig. (5)

Fallbeispiele

Schon 2001 begann die Landesbank Berlin zu analysieren, wie die IT-Services der Bank ausgelagert werden können. Als Ziele wurden neben niedrigeren Kosten eine homogenere IT-Landschaft sowie mehr Transparenz definiert. Die Analyse ergab, dass der Einkauf eines kompletten, zentral gesteuerten Services Managements bei einem externen

Dienstleister am erfolgversprechendsten war. (2)

Die ehemalige Henkel-Tochter Cognis musste innerhalb von neun Monaten eine weltweite technische Infrastruktur schaffen. Drei zentrale IT-Abteilungen entstanden und wurden an externe IT-Dienstleister übergeben. Die anfänglichen Probleme mit den Providern konnten mittlerweile durch die Etablierung eines Vendor-Management-Teams überwunden werden. Das Team kontrolliert und steuert die Provider durch regelmäßige Besprechungen und mithilfe von speziell entwickelten Kriterienkatalogen. (6)

2005 wurde in Großbritannien ein Visa-Projekt gestartet, das die Installation von biometrischer Hardware und Software in allen britischen Botschaften und Konsulaten erforderte. Nur drei Jahre waren Zeit, um das Projekt weltweit umzusetzen. Ein großer Anteil des Projektes wurde an externe Spezialisten ausgelagert, nur die besten Leute engagiert. Trotzdem brauchte es einen erfahrenen Projektmanager, um die unterschiedlichen Fähigkeiten der technischen Experten der verschiedensten Funktionen unter einen Hut zu bringen. Durch exzellentes Projektmanagement konnte das Projekt früher als geplant und zu geringeren Kosten als budgetiert abgeschlossen werden. (13)

Weiterführende Literatur

(1) Komplexitätsfalle Outsourcing
aus Computerwoche, 07.09.2007, Nr. 36 Seite 34-35

(2) Erfolgreicher Auslagern durch Baselining Keine Lösung ohne Problemdefinition
aus Government Computing, Heft 05/2007, S. 14

(3) OUTSOURCING THE FINANCE FUNCTION
aus Financial Management 01.04.2008, p. 32

(4) Sourcing-Beratung: Die Erfahrung zählt
aus Computerwoche, 21.03.2008, Nr. 12 Seite 24

(5) Multisourcing ist nichts für Anfänger
aus Computerwoche, 25.01.2008, Nr. 04 Seite 26-27

(6) Vendor-Management ist ein Fulltime-Job
aus Computerwoche, 14.12.2007, Nr. 50 Seite 32

(7) Profis fahren lieber mehrgleisig
aus Handelsblatt Nr. 044 vom 03.03.08 Seite b08

(8) Leichtfertiger Umgang mit Risiken
aus DVZ, Nr. 013 vom 29.01.2008

(9) - ZULIEFERER- UND LIEFERANTENSUCHE INTERNATIONAL Global Sourcing - Baustein für den nachhaltigen Unternehmenserfolg
aus MM MaschinenMarkt Nr. 20 vom 13.05.2008 Seite 106

(10) China drangsaliert ausländische Geschäftsleute
aus Süddeutsche Zeitung, 03.06.2008, Ausgabe
Deutschland, S. 21

(11) Loxton, Liz, Just the job for an expert, Sunday
Times, 18.05.2008, S. IT For Business 3
aus Süddeutsche Zeitung, 03.06.2008, Ausgabe
Deutschland, S. 21

(12) Spagat zwischen IT und Business
aus Computerwoche, 01.02.2008, Nr. 05 Seite 20

(13) Stone, Andrew, Who pulls the trigger for the
„silver bullet"?, Sunday Times, 18.05.2008, S. IT for
Business 4
aus Computerwoche, 01.02.2008, Nr. 05 Seite 20

Impressum

Sourcing Projekte - Erfolg durch Steuerung und Management

Bibliografische Information der deutschen Nationalbibliothek

Die Deutsche Nationalbibliothek verzeichnet diese Publikation in der deutschen Nationalbibliografie; detaillierte bibliografische Daten sind im Internet über http://dnb.d-nb.de abrufbar.

ISBN: 978-3-7379-1083-5

© 2015 GBI-Genios Deutsche Wirtschaftsdatenbank GmbH, Freischützstraße 96, 81927 München, www.genios.de

Alle Rechte vorbehalten. Dieses Werk ist einschließlich aller seiner Teile – z.B. Texte, Tabellen und Grafiken - urheberrechtlich geschützt. Jede Verwertung außerhalb der Grenzen des Urheberrechtsgesetzes bedarf der vorherigen Zustimmung des Verlags. Dies gilt insbesondere auch für auszugsweise Nachdrucke, fotomechanische Vervielfältigungen (Fotokopie/Mikroskopie), Übersetzungen, Auswertungen durch Datenbanken oder ähnliche Einrichtungen und die Einspeicherung und Verarbeitung in elektronischen Systemen.